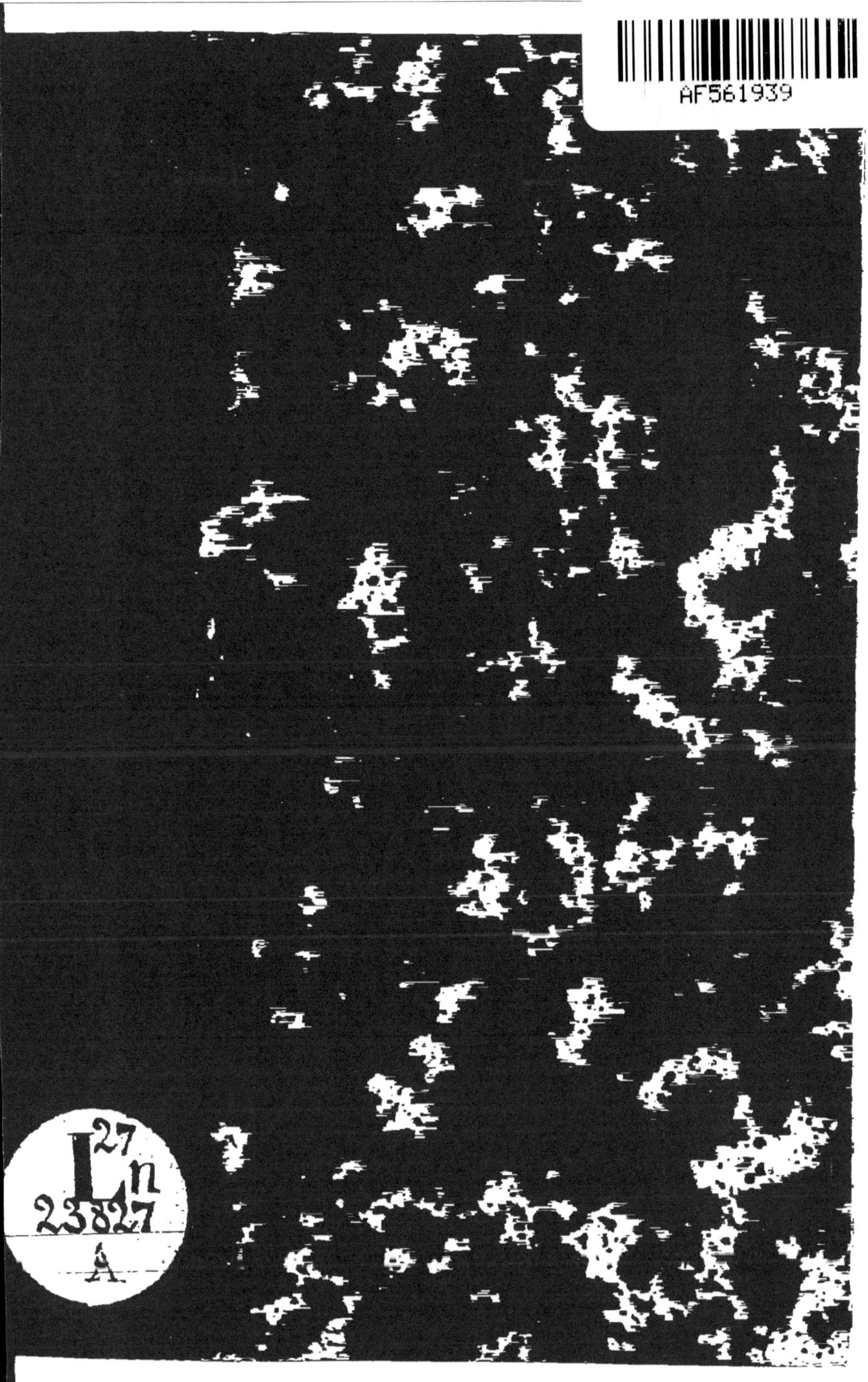

# LETTRE
## DE MONSIEUR
# DU CROS,
## A
# MYLORD ****.

Afin de ſervir de réponſe, aux impoſtures de Monſieur le Chevalier TEMPLE, cy-devant Ambaſſadeur d'Angleterre, à la Haye & à Nimegue.

*En attendant une Relation plus ample & plus particuliere, de l'affaire, dont il s'agit, avec des remarques ſur ſes Memoires, pour faire voir, combien groſſiérement il ſe trompe, dans la pluſpart des choſes les plus importantes, qu'il rapporte, ſur ce qui s'eſt paſſé depuis 1672. juſqu'en 1679.*

A COLOGNE, M.DC. XCIII.

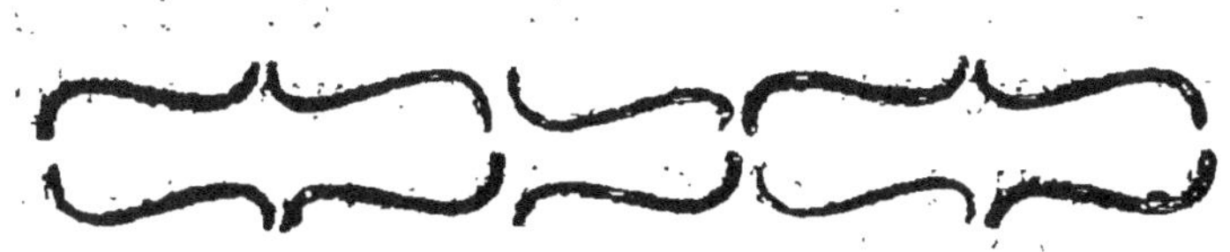

# LETTRE DE MONSIEUR DUCROS, A MYLORD * * * *

MYLORD,

ON m'a averti des calomnies, que Mr. Temple à fait imprimer contre moi, dans les memoires, qu'il a donnés depuis peu au jour. Je sçai bien que Mr. Temple a quelque merite, & qu'il a été employé long tems, & en des occasions importantes: mais, je sçai aussi avec une trés grande certitude, qu'il a eu peu de part au secret des desseins du feu Roi d'Angleterre, dans la plusspart des affaires, pour lesquelles même il a été employé, depuis 1672. jusqu'en 1679. ce qui est le sujet de son ouvrage.

Cette consideration ne m'auroit peut-être pas donné la curiosité, ou au moins beaucoup d'empressement de lire ses memoires; & j'aurois bien jugé, qu'on n'en sçauroit tirer assés de lumieres, pour decouvrir tant de secretes intrigues.

D'ailleurs, je me serois bien douté, que ses Memoires n'auroient éte que son propre panegyrique, à la diminution de la gloire de plusieurs personnes de qualité, & d'un merite distingué, de qui Mr. Temple a toujours si fort envié la reputation & la fortune, Car je connois particulierement l'orgueil de Mr.

Tem-

Temple ; il s'estime le plus éclairé, le plus sage, le plus habile Politique de son temps ; & l'on voit, qu'il a respandu dans tout son ouvrage, une infinité de traits de Satyre, contre les personnes les plus illustres, & qu'il a rempli ses Memoires de ses propres loüanges & de cette sôte opinion, qu'il a de lui-même.

Cela est sans doute bien éloigné de la sincerité & de la modestie, qui regne par tout dans les memoires de Villeroy, dans les Negotiations de Jeanin, dans les Lettres du Cardinal Dossat, personnages veritablement grands & illustres, estimés tels par les plus grands Princes de leur temps, & encore aujourdhui par les plus habiles politiques, avec bien plus de justice, & avec bien plus de gloire, que le Libraire de Mr. Temple ne l'apelle UN DES GRANDS HOMMES DE CE SIECLE, Mr.

Temple auroit deû se regler sur un si excellent modéle.

Je ne citerai presentement, qu'un seul endroit, que j'ai trouvé à l'ouverture de son Livre, par ou l'on peut bien voir la grandeur de sa presomption. En peu de temps, Mylord, je vous en fairai remarquer bien d'autres. *Les negotiations*, dit-il, *que j'avois menagées à la Haye, à Bruxelles, & à Aix la Chapelle, qui sauvérent la Flandres des mains de la France, en* 1668. *firent croire, que j'avois quelque credit, parmi les Espagnols, aussi bien qu'en Hollande.*

Etrange ingratitude des Hollandois & de l'Espagne, aussi bien que de sa patrie, si fort interessée à la conservation des Païs-Bas, de ne lui avoir pas fait eriger encore *la statue*, qu'il dit ailleurs, que Mr. Godolphin lui avoit promise! Mr. Temple pouvoit il rien faire, qui le le meritât davantage, & plus digne du triomphe, que d'avoir conſervé la Flandres, ſi importante aux Eſpagnols, & l'unique rempart de la Hollande & de l'Angleterre?

Mais Mr. Temple à crû, qu'il ne ſçauroit, y avoir de meilleur artiſan de ſa gloire, que lui-même, & il s'eſt flaté, qu'il s'érigeroit autant de ſtatuës, qu'il y a d'endroits dans ſes Memoires, remplis d'une inſuportable & ridicule vanité.

Ce ne furent point les Negotiations, Mylord, que Mr. Temple dit, qu'il ménagea à la Haye, à Bruxelles, & à Aix la Chapelle, qui ſauvérent la Flandres des mains de la France en 1668. Les François publiérent, qu'on étoit redevable de la Paix, à la moderation de Sa Majeſté trés-Chrêtienne, qui voulut bien arrêter le cours, & les progrés de ſes armes victorieuſes.

Mais, la verité est, qu'on donna avec beaucoup de justice, tout le merite & toute la gloire de la Paix, & de la triple Alliance, à la genereuse resolution, & à la fermeté de Messieurs les Etats. Ils se servirent en cette occasion d'un Ministre, qui à surpassé de bien loin Mr. Temple, en prudence, en experience, en capacité, & qui a été de l'aveu même des ses ennemis, un des plus habiles Negotiateurs de ce siecle.

Je n'entreprends pas icy, Mylord, d'examiner à fond les Memoires de Mr. Temple: je le fairai bientôt, si Dieu me donne la vie, & je vous promets un volume de remarques, pour le moins, aussi gros, que son livre.

Si comme lui, j'avois la vanité, de faire imprimer des Memoires, pendant ma vie, j'aurois presentement un beau pretexte de le faire, re, & j'en métrois tres-assurément au jour, de plus justes & de plus solides, que les siens. Ce n'est pas, que j'aye la presomption, de m'en croire plus capable: mais, en plusieurs endroits, il raporte faussément des choses, dont je suis mieux informé. Le seul Heros de mon ouvrage sera la verité; sans complaisance, sans flaterie, sans passion, non pas même contre lui; de sorte que je lui fairai le plaisir, de le mieux instruire, sur beaucoup de choses mêmes, qu'il a executées, sans qu'il ait sçeu les veritables raisons, pourquoi on le faisoit agir.

Ce n'est pas aussi, que j'aye été du conseil du Roi son Maître; mais, j'ai eu le bonheur, pendant plusieurs années, d'avoir quelque part à la confiance d'un Ministre qui a été en plusieurs occasions tres importantes, comme le premier mobile d'une conduite, qui a surpris toute l'Europe. Vous sçavés, Mylord, quel a été son credit, & quelles ont été ses intelligences. Mr. Temple à pû croire, que je n'ai pas mal profité de la confidence de cét habile homme, lorsque Mr. Temple à dit, *que je m'étois devoüé à lui entiérement.*

On n'ignore pas aussi, que souvent j'ai eu quelque accés, auprés des Ministres du Roi, & auprés de Sa Majesté méme. Il y a paru, sur tout en l'affaire, pour laquelle je fis le voyage de Nimegue; & il seroit honteux, qu'un homme *plus fin qu'eux tous*, selon le témoignage du Roi même, ainsi que Mr. Temple le rapporte, n'eut pas eu avec tant d'accés & de facilité, l'adresse de penetrer les ressorts les plus cachés des déliberations & des resolutions, à quoy la Suede & le Prince mon Maître avoient un si grand interêt. Soyés

Soyés donc assuré, Mylord, qu'aprés ma mort, & peut-être pendant ma vie, si on m'y obligé, il paroitra des Memoires, qui publieront des choses, dont on cache encore la verité, avec tant de soin. Mr. Temple avouë de bonne foi, qu'il les à ignorées jusqu'ici, lui, qui à tant de penetration, & qui semble nous vouloir faire acroire, qu'il étoit le confident du Roi, son Maître.

Vous même Mylord, vous m'avez pressé autrefois, de vous apprendre des secrets de si grande consequence; & si je n'ai pû refuser à l'honneur, que vous me faisiés de me donner quelque part dans vos bonnes graces, de vous laisser entrevoir une partie, de ce qui s'étoit passé dans une negotiation, la plus importante de ce temps-là. Vous eûtes la generosité, de ne vous en point prevaloir à la ruine, qu'on qu'on croyoit, qui auroit été infaillible, d'un Ministre, que vous estimiés le plus grand de vos ennemis: mais à qui dans cette occasion, on ne pouvoit reprocher, qu'une aveugle obeissance à la volonté du Roi, son Maître.

Je ne suis plus, à la verité, obligé d'avoir les mêmes considerations, qui me retenoient alors. Mais, je conserve un profond respect pour la Memoire du feu Roi, & de fort grands égards encore, pour des personnes, qui même aujourdhui ont tant d'interêt, que je garde le silence. Sans cela, il me seroit tres facile de faire voir, sans plus tarder combien lourdement Mr. Temple s'est trompé, en ce qu'il dit de plusieurs Negotiations d'Angleterre, & sur tout de mon voyage à Nimegue.

Mon dessein n'est pas Mylord, de vous écrire une lettre pleine d'ind'invectives contre Mr. Temple, je ne déscendrai point dans le detail de sa conduite, & je n'en dirai presentement qu'autant, qu'il est necessaire, pour vous faire juger & à tout le Monde, que j'ai des moyens, de me venger de l'outrage, qu'il m'a fait.

Elles seront même sans doute ces invectives plus justes, que celles, dont il à rempli contre moi, quelques lignes de ses Memoires. Il m'a attaqué le premier, il a écrit par un esprit de vengeance, plein d'emportement, & comme un Homme, qui se croyoit offensé, jusqu'au vif.

Pour moi, je vous écris, Mylord, je vous le jure de sang froid; je méprise si fort l'outrage, que Monsieur Temple affecte de me faire, que je n'en fairois que rire, si mon silence ne pouvoit vous persuader, & aux personnes encore, de

qui

qui l'estime me fait tant d'honneur, que j'ai peu de soin de ma reputation.

Monsieur Temple à brillé quelque temps, il est vray, mais il a emprunté tout son lustre, premierement de la protection d'un Seigneur, qu'il a enfin trahi; & de qui il parle dans ses memoires trés insolemment, & avec une extrême ingratitude: & puis, il s'est avancé par la protection encore, de quelques autres personnes, a qui il s'étoit devoué, au prejudice de son devoir. *Il s'étoit si bien insinué*, pour me servir des termes, qu'il employe sur mon sujet, dans les bonnes graces, & dans la confidence de ceux, auprés de qui il lui étoit necessaire d'avoir accés, qu'il auroit pû rendre des services considerables au Roi son Maître, & à sa Patrie, s'il avoit mieux usé de cet avantage. Mais, il le conserva par

par la même voye, qu'il l'avoit acquis; c'est-à-dire, qu'il à manqué souvent à une aussi exacte fidelité, qu'un Ministre est obligé d'avoir inviolablement, jusques dans les moindres choses. Cela paroît même dans ses memoires.

Le feu Roi d'Angleterre s'en aperçeut enfin, & en étoit si convaincu, qu'il ne s'est servi de lui, dans les dernieres Commissions, dont il le chargea auprés de Messieurs les Etats, que par la consideration des habitudes, qu'il y avoit, qui firent juger, que Monsieur Temple *auroit quelque credit parmi les Espagnols, aussi bien qu'en Hollande*, comme il nous en assure lui-même.

Encore ne fut il employé, que dans des occasions, où l'on n'employeroit pas un homme, de qui un Prince seroit satisfait, pour qu'il auroit de l'estime, & en qui il croiroit,

roit, de pouvoir prendre confiance: verité reconnuë & avoüée en quelque façon, par Monsieur Temple même, dans ses Memoires; & l'on en peut juger, par les démarches si opposées, qu'il se plaint, qu'on lui faisoit faire, & par toutes les choses, qui se faisoient contraires aux mesures, qu'il avoit prises, comme si la Cour eût eu dessein de le postituer.

Aussi le Roi, peu aprés la paix de Nimegue, le negligea, & se servit tres peu de lui. Ce n'est point, comme Monsieur Temple voudroit le faire acroire, l'amour du repos, & ses indispositions, qui lui firent quiter les emplois. Jamais, homme ne desira, avec tant d'ardeur, d'avoir part aux affaires. Il en fut éloigné par le secret mécontentement, que le Roi avoit de ses services; par cette conduite, qui dans l'execution des ordres du Roi, lors qu'ils qu'ils étoient contraires à ses sentimens, désagreables à ses amis, approchoit extrémement de la perfidie; ainsi qu'il parut principalement en tout ce qu'il fit, pour éluder les commandemens du Roi, contenus dans la depêche, que je lui laissai à la Haye, allant à Nimegue, par ordre de Sa Majesté, pour la conclusion de la paix.

C'est de cette affaire, Mylord, qui a fait tant de bruit, & d'où Monsieur Temple prend sujet de m'insulter, que je vas vous dire quelques particularités, dans les reflexions, que je suis obligé de faire, sur ce qu'il dit de moi.

Ne vous attendés point, Mylord, que je vous apprenne icy la veritable cause d'une resolution si extraordinaire, *qui surpris si fort Monsieur Temple*, *dont le Pensionnaire Fagel fut tout étourdi*, & qui selon Monsieur Temple, *chan-*

*gea entiérement la destinée de la Chrêtiénté.*

Je lui fairois un trop grand plaisir, si je voulois revêler un secret si important, & plusieurs autres intrigues, à quoy des Personnes du Regne passé & de celuy-ci en Angleterre ont eu part. Je ne doute pas, que Monsieur Temple ne le souhaite extrémement ; il sçait bien qu'une plus grande connoissance de ces pratiques susciteroit peut-être des affaires dans le Parlement à des gens, de qui il desire la perte, dans le fond de son cœur; peu jaloux de la reputation du feu Roi, & envieux de celle de ses Protecteurs, qui l'ont fait combler de bienfaits & de graces.

Pour moi, je ne veux point dans ces conjonctures, ou le Roi Guillaume travaille avec tant de zele, & avec tant de gloire, au repos de la Chrêtienté, & à la felicité des

Anglois

Anglois, reveiller l'envie & la haine, qui n'ont déja que trop éclaté en Angleterre, & qui pourroient être un grand obſtacle à cette union, ſi neceſſaire pour l'heureuſe execution des entrepriſes de ce grand Monarque.

*Il arriva*, dit Monſieur Temple *pour lors d'Angleterre un nommé du Cros*; je ne m'arrêterai point Mylord, à ce terme de mépris; *un nommé*, c'eſt ſur mon ſujet l'expreſſion d'une noire malice. Le feu Roi d'Angleterre lui-même me faiſoit l'honneur de me traiter avec plus de civilité dans ſes paſſeports, dans ſes Lettres, dans les Commiſſions, dont il m'a chargé. C'eſt parler fort Cavalierement & même tres impudemment, d'un homme d'aſſez bonne maiſon; qui a été honoré pendant pres de vingt ans de pluſieurs employs, & qu'un grand Prince & un Roi n'ont pas dé-

dédaigné, d'avoir pour Conseiller d'Etat.

*C'étoit*, continue Monsieur Temple, *un moine François, qui depuis quelque temps avoit quité son froc pour un juppe.* Voilà un reproche, qui siéd fort bien à l'Ambassadeur d'un Monarqué Defenseur de la foi, & de la Religion Protestante; à un homme, qui déclara si hautement à Nimegue, *qu'il ne vouloit avoir aucun Commerce avec le Nonce du Pape.* Mais je ne sache pas, Mylord, qu'il soit honteux, d'être moine; & il l'est beaucoup moins, de l'avoir été. Il y a veritablement parmi eux, comme parmi le reste des hommes, des miserables, d'une basse naissance, d'une vie dereglée & infame, gens inutiles, sans honneur & sans reputation. Monsieur Temple m'a crû sans doute de ce nombre; mais il y en a aussi de tres celebres par la sainteté de leurs mœurs, d'un merite extraortraordinaire de la premiere qualité, des Fils de Princes & de Rois, des Rois même, & de Souverains Pontifes. Que si ce genre de vie n'est plus aujourdhui, comme il a été autrefois, un Caractere si assuré de l'homme de bien, & de l'honnête homme, Monsieur Temple croit-il, de me déshonorer, en me reprochant, que j'ai abandonné pour une juppe, une profession, qu'il estime luy-même si digne de mépris.

Je ne dirai pas icy, comment j'y fus engagé dans ma plus tendre jeunesse. Il n'y a rien de plus ordinaire en France, en Italie, en Espagne, ou les bonnes maisons sacrifient dans les Convents une partie de leur Famille. Maxime à la verité cruelle & detestable.

Je ne dirai pas aussi, par quels motifs j'en sortis ; ce ne fut pas au moins pour une juppe. J'ai été plusieurs années sans y avoir eu de

 l'inl'inclination, & il a paru, que j'ai été fort irresolu & fort difficile sur ce choix.

Il y avoit trop d'avantage à quitter mon froc, pour la juppe, que j'ai prise, pour ne le point faire. C'est une juppe d'une étoffe d'Ecosse, qui a été de plus grand ornement, & de plus grande utilité à la Couronne d'Angleterre, que Monsieur Temple lui-même. S'il ne le sçait pas, l'Histoire d'Angleterre & d'Ecosse de derniere temps, le lui pourra apprendre. Je n'en dirai point davantage, pour ne me point engager, à publier les malheurs, & les desordres de la famille de Monsieur Temple, ce que je crois, qui ne seroit pas honnête. Je n'ai aucun sujet, que je sache, de me plaindre, ni de sa femme, ni de son fils, ni de ses filles.

Au reste, quand même j'aurois quitté le froc, pour une juppe, cela me seroit commun, non seulement, avec

avec un tres grand nombre de gens de merite, mais même avec des Nonces du Pape, avec des Evêques, avec des Cardinaux, avec des Rois, & avec des Princesses aussi, qui ont quité le voile, pour le haut de chausses, & de qui je ne doute pas, que la posterité ne soit en grande veneration à Mr. Temple.

Je m'étois *si bien insinué*, dit Mr. Temple, *dans la Cour de Suede, que j'en avois obtenu une Commission, pour être une espece d'Agent, en Angleterre.* Cela est bien malin. J'avois, quelque part aux affaires, & la qualité d'Envoyé, lorsque Monsieur Temple n'avoit encore, que celle d'Agent, ou de Resident à Bruxelles. J'étois Envoyé à la Cour d'Angleterre, avant que j'aye jamais été en Suede, ni que j'y aye eu aucune habitude.

J'allai en Suede pour la premiere fois, lors que le feu Roi d'Angleterre re m'envoya en Suede & en Danemarc, vers le commencement de l'année 1676. Le pretexte fut, pour demander la liberté du passage des lettres, que le Roi de Danemarc, refusoit, pour hâter le Congrés de Nimegue, en procurant l'expedition des Passeports, necessaires aux Ministres, qui devoient former l'Assemblée, & pour presser le départ des Ambassadeurs de ces deux Couronnes du Nord. Mais la veritable raison de ce voyage fut toute autre chose, & de plus grande consequence, non point pour le Roi d'Angleterre, mais bien pour un autre Potentat. Cela se verra quelque jour dans mes memoires.

Si j'avois été une espece d'Agent de Suede, je ne m'en defendrois pas, je l'aurois tenu à beaucoup d'honneur, puis qu'il ne pouvoit être que glorieux, dans des conjonctures si importantes, d'être chargé des affaires d'un d'un ſi grand Roi. Mais dans le temps, dont Monſieur Temple parle, j'avois la qualité d'Envoyé Extraordinaire de Monſeigneur le Duc de Gottorp, reconnu & reçeu pour tel, à la Cour d'Angleterre.

Monſieur Temple le ſçait fort bien. Ou lui à envoyé à Nimegue, dans le cours de la Mediation, pluſieurs memoires, que j'avois donnés à Londres, touchant le rétabliſſement de mon Maître. Mais les interêts de ce Prince lui furent ſi indifferends, que je fus obligé, de prier Mylord Threſorier, de les recommander particuliérement à Mr. Jenkins.

L'on voit auſſi, que Monſieur Temple parle dans ſes Memoires, de tous les Potentats intereſſés à la paix de Nimegue, excepté de Monſeigneur le Duc de Gottorp, quoi qu'il eut deux Miniſtres au

Congres, & que la France, dans la ſeconde condition de la paix, ait ſtipulé ſon retabliſſement, Ceux, qui liront, les Memoires de Monſieur Temple pourroient croire, que le Duc de Gottorp eſt compté pour rien dans le monde, & qu'il n'a eu aucune part, à ce qui s'eſt paſſé dans la Chrêtienté, depuis le commencement de la guerre en 1672. juſqu'à la paix concluë en 1679. Mais graces au Ciel, Mr. Temple n'eſt pas le diſpenſateur de la gloire, ni de l'immortalité.

Monſieur Temple a donc ſouvent leu dans les lettres, & dans les ordres de la Cour, mon nom & mon Caractere; & il ne peut pas avoir oublié, qu'il me vint rendre viſite en mon logis; lorſque par ordre du Roi, il devoit communiquer avec moi ſur le ſujet, qui avoit obligé Mr. Olivencrantz, de paſſer de Nimegue en Angleterre, Cet Ambaſſadeur

bassadeur de Suede logeoit alors, dans ma maison.

Il est vray, que comme les interêts de mon Maître étoient inséparables de ceux de la Suede, je me trouvai engagé, à prendre beaucoup de part à ceux de cette Couronne, en ce qui pouvoit dépendre de mes soins. Il y avoit à Londres un Envoyé extraordinaire de Suede; cela n'empêchoit pas, que Messieurs les Ambassadeurs de Suede à Nimegue, ne me fissent l'honneur, d'entretenir avec moi un commerce de lettres fort regulier. Le Roi d'Angleterre avoit aussi la bonté de m'écouter, en ce qui regardoit les affaires des Suedois, bien que je ne fusse point autrement authorisé pour cela. Le voyage de Monsieur Olivencrantz à Londres fut concerté, premierement entre le Roi & moi, sans la participation & sans l'intervention d'aud'aucun de ſes Miniſtres;& puis dans la Negotiation, dont mon voyage à Nimegue fut une ſuite; Il s'agiſſoit principalement de la reſtitution de la Suede.

Tout cela fit croire à la verité a bien des gens, que j'étois chargé des affaires de cette Couronne; & Monſieur van Beuningen l'a crû ainſi dans la lettre, qu'il écrivit à Meſſieurs les Etats, & qui depuis a été imprimée, où il parle, avec tant d'incertitude, du voyage, que j'allois faire à Nimegue; & de cette Negotiation, qu'il paroit bien, qu'elle étoit du dernier ſecret.

*Dés qu'il avoit été à Londres*, dit Monſieur Temple, en parlant de moi, *il s'étoit entiérement devoué à Monſieur Barillon Ambaſſadeur de France, ſous pretexte, d'agir pour les interêts de la Suede.* Monſieur de Barillon n'étoit point à Londres, lorſque

lorſque j'y fus envoyé ; il n'y vint ; que longtemps aprés, j'y trouvai Monſieur le Marquis de Ruvigny, à qui Monſieur de Courtin ſucceda, & puis Monſieur de Barillon vint prendre la place de Monſieur Courtin.

Je ne me devoüai jamais à cet Ambaſſadeur. & je n'eus jamais de liaiſons avec lui, au préjudice de mon devoir. Il arriva même, que le Roi d'Angleterre, ayant eu deſſein un jour, de prendre plus à cœur les interêts de Suede, Monſieur de Barillon l'en détourna, ſoit par la crainte, qu'il eut d'une paix particuliere, entre les Couronnes du Nord ; ſoit par jalouſie, pour laiſſer au Roi ſon Maître, la gloire de la reſtitution de cette Couronne, & la privant de tout autre ſecours, & la tenir cependant, dans une plus grande dépendance.

Je me broüillai ſi fort ſur cela, avec

avec Monſieur de Barillon, que je fus plus de quatre ou cinq mois, ſans lui parler. Un jour même au dîner du Roi je lui reprochai, en preſence de Monſieur Wachmeiſter, Envoyé extraordinaire du Roi de Suede, ce qui s'étoit paſſé. Je ne doute pas que Mr. de Wachmeiſter ne s'en ſouvienne fort bien; il n'eſt pas moins digne de foi, qu'il eſt brave & intrepide.

C'eſt de cette maniere, que j'étois attaché à cet Ambaſſadeur de France. Mais j'avouë, que lors qu'il s'employoit pour les interêts de mon Maître, & de la Suede, je lui étois entiérement devouë, tres heureux, d'avoir pû rendre mes tres-humbles ſervices à un ſi grand Monarque, de qui j'ai l'honneur d'être né ſujet; ſans avoir manqué à la fidelité, que je devois préferablement à mon Maître.

Sur cela je vous dirai, Mylord, une

une chose dont Monsieur le Marquis de Ruvigny aujourdhui Vicomte de Galloway ne sçauroit disconvenir, ni aussi Monsieur Olivencrantz. Le départ de Nimegue de cet Ambassadeur pour l'Angleterre, donna de grands ombrages à Nimegue & à Londres aux Ambassadeurs de France. Monsieur de Barillon en fut extrémement allarmé, sur tout lors qu'il vit, que Monsieur Olivencrantz logeoit chez moi, & qu'il sçeut, que j'avois donné un projet, sur lequel j'eus l'honneur, d'être quelque fois en conference, avec Mylord Thresorier, Monsieur de Barillon mit tout en usage, pour le penetrer: Cependant toutes les offres de cet Ambassadeur de France ne peûrent rien, sur cet homme, qui, si on veut croire Monsieur Temple, étoit entiérement devoué à Mr. Barillon, & Mr. Barillon le trouva incorruptible.

On diroit, Mylord, que Monsieur Temple veut faire croire, que je fus seulement envoyé en Hollande, pour lui porter une depêche de la Cour, & c'est sur ce ton là, qu'il parle presque toûjours de mon voyage. Remarquez pourtant, s'il vous plait, Mylord, qu'il avouë, que c'étoit moi, *qui avois obtenu cette depéche*.

Que vouloit donc dire le Roi, lors qu'il disoit, *que j'avois été plus fin qu'eux tous*? On ne demande point tant de prudence, & d'habileté d'un Courrier. Il suffit, qu'il fasse diligence. Mais, il falloit, que la course fut bien honnorable, pour se servir d'un Envoyé extraordinaire d'un des plus grands Princes de l'Empire, si ce n'est, que Monsieur Temple veuille dire, que j'étois si devouë au Roi, & à Monsieur Barillon même, & si peu jaloux de la dignité de mon Maître;

tre, que je me laissois mettre à tous usages.

Si j'étois un Courrier ou un Messager, Monsieur Temple veut au moins, me rendre un bon office, en faisant, entendre, ce que je n'ai pas moi-même la presomption de croire, que j'étois un habile Messager & un Courrier du Cabinet, bien avant dans la confidence du Roi. Car avant que Monsieur Temple eut parlé de cette depêche, qu'il dit, que la Cour lui avoit mandé, être du dernier secret. *Monsieur le Pensionnaire Fagel*, dit il, *en sçeut tout le contenu, & en fut tout étourdi. Du Cros en avoit adroitement informé les Deputez des villes*, je copie Monsicur Temple, *& il le ur avoit dit, que les deux Rois étoient entiérement convenus des conditions de la Paix; qu'il avoit apporté des ordres à Monsieur Temple, de se rendre à Nimegue, & qu'à son arrivée il* *il y trouveroit de Lettres de Mylord Sunderland, Ambassadeur d'Angleterre à Paris, avec tous les articles conclus entre les deux Couronnes.*

Voilà, je l'avouë, un adroit Messager, fort avant dans le secret, & bien de l'ouvrage, en quatre ou cinq heures, que je fus à la Haye. Ce sera Monsieur Temple, qui sera bien *plus étourdi*, que ne le fut Monsieur Fagel, lors qu'il sçaura quelque jour, ce qui se passa à la Haye, dans le peu de temps, que j'y fus, sans qu'alors, ni depuis, il en ait pû rien découvrir. C'étoit tres assurement quelque chose de bien plus important, que de faire sçavoir aux Deputez des Villes, le contenu de la depêche, dont j'étois chargé, & Monsieur Temple verra quelque jour plus clairement, comme quoi *ce seul incident changea la destinée de la Chrêtienté.*

Je

*Je ne prétends pas*, ajoûte Monsieur Temple, *déterminer, par qui, & comment, du Cros avoit obtenu cette dépêche.* Et un peu plus bas: *Tout ce que je pûs apprendre en Cour, sur cette affaire, fut que ces ordres avoient été expediés un matin; dans une heure de temps, dans l'apartement de la Duchesse de Portsmouth, par l'intervention de Mr. Barillon.*

Cela fait pitié, qu'un Ambassadeur d'Angleterre, tout le Conseil du Roi son Maître, si on l'en veut croire; qu'un homme, à qui il n'a tenu, qu'à lui d'être plusieurs fois Secretaire d'Etat, ait été, je ne dis pas, pendant son absence, & lors qu'il étoit encore à la Haye, & à Nimegue, mais même depuis son retour en Angleterre, si peu instruit, de ce qui s'y étoit passé, & principalement en cette affaire, qui a plus exercé Monsieur Temple qu'aucune affaire, qu'il ait eu jamais.

Mais comment auroit il pû le sçavoir, puis que ni Monsieur le Duc d'Yorc, ni Mylord Thresorier, & a peine le Roi même, s'il ne faut croire Monsieur Temple, n'en sçavoient rien, & *que ces ordres avoient été expediés un matin, dans une heure de temps, dans l'appartement de la Duchesse de Portsmouth, par l'intervention de Mr. Barillon?*

Remarquez, s'il vous plait, Mylord, la malice de Monsieur Temple, sur le sujet de Monsieur Williamson, de qui il veut donner, en cet endroit, l'idée d'un perfide, comme il fait en plusieurs autres endroits de ses memoires. Monsieur Temple devoit avoir eu, au moins, quelque respect pour le Roi, de qui Monsieur Williamson executoit les ordres.

*Je*

*Je n'en parlai jamais*, dit Monſieur Temple, *au Secretaire d'Etat Williamſon*, comme voulant dire, qu'il étoit bien perſuadé, que Monſieur Williamſon avoit été homme, a tout faire, pour la France: qu'il étoit devoüé tout entiérement, auſſi bien que moi, à Mr. Barillon, & qu'il avoit été l'autheur de cette depêche.

Ne voit on pas, que Monſieur Temple veut faire entendre, que Monſieur le Chevalier Williamſon Secretaire d'Etat, l'Ambaſſadeur de France, & la Ducheſſe de Portſmouth, ont procuré ces ordres. Car pour moi, quoique *j'euſſe obtenu la depêche*, il ne m'accuſe pas ouvertement, dans cet endroit, d'iy avoir eu d'autre part, que d'avoir été le meſſager, qui en fus chargé. Auſſi bien, n'allai-je jamais chez la Ducheſſe de Portſmouth, qui avoit pour moi une averſion in-

 ſur-

surmontable, & que je ne hayssois pas moins.

Quelle impertinence! de vouloir persuader, que l'affaire la plus importante de ce temps là, d'où dépendoit, dit Monsieur Temple, *la destinée de la Chrêtienté, ait été concluë & expediée, en une heure de temps, dans l'appartement de la Duchesse de Portsmouth, par l'intervention de Mr. Barillon.*

Monsieur Temple est accoûtumé de ménager si peu, la reputation du Roi, qu'il n'a pas craint, de la prostituer en cette occasion, d'une étrange maniere. Il ne s'agit plus de partialité, de connivence, de laisser prendre Valenciennes, Cambray, Saint Omer, & plusieurs autres places de Flandres sans murmurer sans s'y opposer. Mais le Roi d'Angleterre obligé autant, qu'on le peut-être, par sa qualité de Mediateur, & bien plus, par l'inl'interêt de ses Royaumes, à procurer le repos de la Chrêtienté, corrompu par l'Ambassadeur de France, & par les charmes d'un Maîtresse, sacrifie toute l'Europe & son propre Etat à une puissance, naturellement ennemie de l'Angleterre. Et cela sans façon, en une heure de temps, sans l'avis de son Conseil, & se cache dans l'appartement d'une femme, comme s'il eut senti, qu'il alloit faire l'action, la plus indigne de la Majesté d'un Prince, & la plus contraire à la felicité de ses peuples. Car, quel autre jugement pourroit on faire, de ce que Monsieur Temple en dit, & peut on raisonner autrement, quand on lit ce bel endroit de ses memoires?

Tres assurément cette depêche fut expediée, par Monsieur Williamson, & par l'ordre du Roi: & puis que le Roi éluda, de s'expliquer là dessus à Monsieur Temple ; en ne lui répondant autre chose ; si non que j'avois été plus *fin, qu'eux tous* ; Monsieur Temple pouvoit s'addresser à Monsieur Williamson, qui, peut-être, auroit pû le tirer de peine, & lui dire, *par qui, & comment du Cros avoit obtenu cette depêche.*

Il paroît bien, que Monsieur Temple est au desespoir, de n'avoir pû penetrer cette affaire ; qu'il ne sçait, où il en est, quand il en parle, & qu'il cherche seulement, à noircir la reputation du Roi & celle de ses Ministres. Si la paix d'Aix la Chapelle est sa favorité, parce qu'il à la vanité de la croire entierement son ouvrage, on voit bien, que la paix de Nimegue est son aversion, à cause de la honte, qu'il a du peu de part, qu'il y a eû, & parce que ce ne sera pas là, le bel endroit de sa vie.

Je

Je veux avoir cette complaisance pour Monsieur Temple, quoy qu'il me traite si mal ; je veux le tirer, au moins en partie, de cette grande incertitude, sur le sujet de la depêche, que je lui portai.

Il se trompe, lors qu'il impute aux intrigues, & à la persuasion de la France, cette resolution. Elle ne fut, ni ménagée, ni prise, ni expediée chés la Duchesse de Portsmouth. Ce ne fut point aussi par l'intervention de Monsieur de Barillon. Cet Ambassadeur n'y eut aucune part, que sur le point, que l'affaire alloit être concluë : Il ne fut pas même present à l'expedition, comme il ne l'avoit été jamais aux deliberations, Le Marquis de Ruvigny le fils, partit pour en aller apporter les premieres nouvelles au Roi son Maître, le même jour que je partis pour Nimegue.

Monſieur Williamſon ſçavoit bien, ce que contenoit la depêche à Monſieur Temple, où il n'y avoit rien de fort myſterieux. Mais il ne fut jamais du ſecret de la Negotiation, & quoi qu'il fut preſent, lorſque je pris congé du Roi, dans l'office de Monſieur Conventry Secretaire d'Etat, il ignoroit le veritable ſujet de mon voyage, & ne l'a peut-être jamais ſçeu.

Le Roi ne ſe precipita point, & l'affaire ne fut point concluë, & expediée en une heure de temps. On traita, on délibera, prés de trois ſemaines. On donna le temps aux Ambaſſadeurs de Suede, de ſe reſoudre, & de faire réponſe. Le deſſein du Roi alloit, ſans doute, au bien de toute l'Europe, & à la tranquillité publique ; mais à la verité, il n'avoit pas pour objet, & ne croyoit pas de ſa ſeureté, *cette bien heureuſe deſtinée de la Chrêtienté*, *rientée*, à quoi Monsieur Temple travailloit si ardemment, de concert, avec quelques particuliers, avec des ennemis de l'Etat, avec des seditieux, & des perturbateurs du repos public.

*Mais le Roi me dit plaisamment*, ajoûte Monsieur Temple, *que ce coquin de du Cros, avoit été plus fin, qu'eux tous.* Si Monsieur Temple ne faisoit pas parler le Roi, & qu'il parlât lui-même, je lui appliquerois, avec autant de justesse, qu'à homme du monde, ces vers, que j'ai leus quelque part:

*Coquin, ce me dit il, d'un arrogance extreme.*

Je repondrois sans doute à Mr. Temple:

*Va chercher tes coquins ailleurs, coquin toi-même.*

Mais la personne des Rois est sacrée; d'ailleurs est ce un outrage, que ce qui se dit *plaisamment*, sans

ſans deſſein peut-être d'offenſer? Car, *coquin*, eſt une terme, dont le feu Roi d'Angleterre traitoit ſouvent des gens, pour qui il avoit d'ailleurs de la bonté & de la conſideration. Il s'en ſervoit auſſi, il eſt vrai, fort familierement, lorſqu'il étoit en colere; mais alors il parloit avec indignation, & ne parloit pas *plaiſamment.*

*Le Parlement preſenta un adreſſe au Roi*, raporte Monſieur Temple, *pour lui repreſenter le Progrés des armes de la France, & paur le ſuplier. de les vouloir arrêter, avant qu'elles fuſſent plus dangereuſes à l'Angleterre, & à leurs autres voiſins. Don Bernard de Salinas*, continuë Mr. Temple, *dit à quelques membres des communes, que cette adreſſe avoit tellement irrité le Roi, qu'il avoit dit, que ceux, qui en étoient les autheurs, étoient une bande de Coquins.*

Je

Je me ſouviens, que lorſque j'arrivai en Angleterre en 1675. devant aller auſſi en France, en qualité d'Envoyé, où j'avouë, que Sa Majeſté trés-Chrêtienne ne voulut pas me permettre de paſſer; ſoit, parce qu'on lui avoit dit, que j'avois embraſſé la Religion Proteſtante; ſoit, par ce que, peut-être, le Roi de France ne veut point reçevoir ſes ſujets, en qualité de Miniſtres des autres Princes. Il me ſouvient, dis-je, que le Roi d'Angleterre, auprés de qui j'avois auſſi une Commiſſion, dit un ſoir à Mr. le Marquis de Ruvigny, de me faire entrer dans ſon cabinet, & d'y venir avec moi.

Le Roi me demanda d'abord des nouvelles de l'Etat de l'Armée des Suedois en Pomeranie, par où j'avois paſſé; & temoigna bien du chagrin, de ce que le Connêtable Wrangel, bien loin de vouloir, comme

comme dit Monſieur Temple, entrer fort avant dans l'Empire, éludoit les ordres du Roi de Suede, & ſous diverſes pretextes differoit, à attaquer l'Electeur de Brandedenbourg, auſſi vigoureuſement, & avec autant de ſuccés, qu'il auroit pû le faire. J'en dis au Roi la raiſon, qu'il n'eſt pas de mon ſujet de rapporter icy.

En ſuite, le Roi, aprés que je l'eus informé encore, de ce que je ſçavois de l'Etat des affaires d'Allemagne, comme il croioit, que je paſſerois en France, me dit ces mêmes paroles : *Dites, Monſieur, au Roi mon Frere, que c'eſt bien malgré moi, que j'ai fait la paix, avec ces coquins de Hollandois : Monſieur le Marquis de Ruvigny, que voila, le ſçait bien.*

Quelque temps avant que de faire cette paix, le Roi parlant à Monſieur de Schoenborn Envoyé de de Mayence, lui dit aussi sur le sujet des Hollandois, *en peu de temps, Monsieur, je mettrai ces Coquins à la raison*. Monsieur de Barillon écrivit à Monsieur le Comte d'Avaux, Ambassadeur de France à la Haye, certains discours que le Roi avoit tenus des Hollandois. Le Comte d'Avaux ne perdit pas cette occasion, d'augmenter la juste défiance de Messieurs les Etats. Il porta la Lettre de Monsieur Barillon, à Monsieur Fagel. Messieurs les Etats se plaignirent hautement, & le Roi d'Angleterre dit sur ce sujet au Duc de Lauderdale, *que Mr. Barillon & le Comte d'Avaux étoient des coquins.*

Quand même, le Roi m'auroit appellé *coquin*, de tout son cœur, je ne devrois pas le trouver fort étrange, puisqu'il n'avoit pas mieux traité la plus puissante & la plus sage Republique du monde, à qui il il avoit de si grandes obligations ; deux Ambassadeurs de Sa Majesté trés-Chrêtienne, d'un merite extraordinaire, & aussi honnêtes gens, qu'il y en ait eu jamais en France; ni les plus grands Seigneurs de son Royaume, qui étoient autheurs de l'Adresse, que les communes lui presenterent.

Il y a même cette difference, que le Roi parlant de ces Seigneurs, de ces Ambassadeurs, & des Hollandois, les traitoit en colére de *Coquins*: mais il ne le disoit de moi, que *plaisamment* selon Monsieur Temple: & j'étois un *fin coquin, plus fin, que le Duc d'Yorc, que Mylord Thresorier, que le Secretaire d'Etat Williamson, & que le Roi même.*

Où je suis fort trompé, ou tous les Ministres des Confederés, qui étoient alors à Londres, auroient voulu étre tous des coquins, à ce prix,

prix là, & sur ce ton, & Monsieur Temple lui-même ; & avoir pû tromper ceux, qui les abusérent, & qui les trompérent. Car encore y a-t-il plus d'honneur, ce semble, d'être, en pareilles occasions *un fin coquin*, & de passer pour plus habile, que de tres habiles Ministres, que d'être la risée, & la dupe d'un moine, & d'une espece d'Agent. Mr. Temple, & quelques autres, le furent veritablement dans cette rencontre.

Mais, je veux apprendre à Monsieur Temple, ce qu'il n'a peut être jamais sçeu, comme il m'a fait sçavoir, ce que je ne sçavois pas. Je ne l'invente point, pour me venger : si je voulois employer le mensonge, j'aurois recours à des injures plus atroces. La verité de mes remarques sur ses memoires, me vengera suffisamment.

Ce que je vas dire se pourroit

trouver dans mes depêches de ce temps-là, au Prince mon Maître & à ses Ministres. Je n'eus garde de manquer, de le raporter sur l'heure à Monsieur de Barillon, à qui *j'étois si fort devoué.* S'il vivoit, il pourroit bien en rendre témoignage, aussi bien que de l'aversion, que le Roi d'Angleterre avoit pour Mr. Temple, dans le fond de son cœur, & du peu d'estime, qu'il en faisoit.

Lorsque je fus de retour de Nimegue à Londres, j'allai tout aussitôt chés le Roi. En y entrant, je rencontrai Monsieur le Prince Robert, qui m'ayant demandé tout émeû, s'il étoit bien vray, que la paix fut faite, comme je lui répondis : Qu'il n'y avoit rien de plus assuré, il s'écria, ah quelle dissimulation !

Aprés avoir eu l'honneur, de rendre compte au Roi de ce qui s'étoit s'étoit passé, je lui dis, ce que j'avois remarqué de la mauvaise humeur de Monsieur Temple, & de tout ce que j'avois sçeu, qu'il avoit fait, pour éluder les ordres de Sa Majesté. Le Roi en colere me dit non pas *plaisamment*, mais avec beaucoup d'indignation contre Monsieur Temple : *Voilà un impertinent maraut, de trouver à redire; à ce que je lui commande.*

Mais, si le feu Roi d'Angleterre n'approuva point ma conduite, dans le voyage de Nimegue, comme en effet il temoigna d'abord en public, de n'en être pas content, en quoi il joüa merveilleusement bien son personnage ; si contre sa volonté j'avois *adroitement informé les Deputez des Villes à la Haye*, *que les deux Rois de France & d'Angleterre, étoient convenus entiérement, des conditions de la paix*; *si c'est incident changea entierement la destinée de la Chrêtienté, & que*

 quel-

*quelques efforts, que la Cour d'Angleterre fit en suite, pour reparer ce coup, elle ne pût jamais y reussir*; si je n'étois qu'un *moine & une espece d'Agent*, & de plus *un coquin*, d'où vient, que le Roi me souffrit en Angleterre, pendant prés d'un an encore, & aussi long temps, que mon Maître trouva à propos de m'y laisser? d'où vient, qu'il me traita avec sa bonté ordinaire? d'où vient, que je fus recompensé de mon voyage de Nimegue? d'où vient que je reçus du Roi plusieurs autres graces; & d'où vient, qu'ayant donné un soir un grand regal, & un feu d'artifice, pour marquer ma joye du rétablissement du Duc mon Maître, dans ses Etats, toute la Cour me fit l'honneur d'y assister?

Ce ne fut point ma qualité d'Envoyé extraordinaire de Monsieur le Duc de Gottorp, qui empêcha pressions, que Monsieur Temple voudroit bien donner de moi. Je crois, de vous avoir fait connoître suffisamment, que ce qu'il a bien voulu dire sur mon chapitre, part d'une extrême malice.

Mais, le moyen d'échapper à un homme, le plus orgueilleux, & le plus vindicatif de tous les hommes, qui dans ses memoires déchire la reputation des plus grands Ministres même; d'un Duc de Lauderdale le plus zelé, & le plus fidele Ministre, que le Roi ait eu jamais; de Mylord Arlington; que Monsieur Temple devoit respecter, comme son Maître & qui étoit son bienfaiteur, qui l'avoit tiré de l'obscurité & de la poussiere, pour le mettre dans les emplois. Cet ingrat l'abandonna, pour courir aprés les apparences d'une meilleure fortune; il voulut perdre Mylord Arlington, par des voyes infames; c'est



le Roi de témoigner du ressentiment contre moi, & de me faire sortir de son Royaume. Il me souvient, que le Roi fut sur le point, de faire retirer Monsieur van Beuningen, Ambassadeur de Messieurs les Etats, parce qu'il avoit fait glisser le terme de *Connivence*, dans un memoire, qu'il presenta au Roi, pour faire rappeller les troupes Angloises, qui servoient en France.

Don Bernard de Salinas étoit Envoyé d'Espagne. Le Roi le consideroit & l'aimoit, pour avoir eu soin en Flandres, de l'éducation du Comte de Pleymouth, fils du Roi. Il n'avoit fait autre chose, que de rapporter à quelque ami, que le Roi avoit traité de *coquins* ceux, qui avoient été les Autheurs de l'Adresse presentée à Sa Majesté par les Communes. Le Roi étoit en liberté de rejetter cette Adresse,

 com-

comme il fit, & il n'en craignoit pas alors les suites. Cependant, il chasse Don Bernard de Salinas, sans aucune consideration de son caractere, ni de la bien-veüillance, dont il avoit honnoré toûjours ce Ministre, & il le chassa sans aucun égard même, pour le Roi d'Espagne.

Mais, pour moi, qui avois abusé, & trompé le Duc d'Yorc, Mylord Thresorier, & le Roi même; qui avois renversé tous les beaux & vastes projets, que faisoient à Londres & à Nimegue les Confederez, & Monsieur Temple à la Haye; qui avois revêlé la depêche du Roi, qui étoit *du dernier secret*; qui étois cause, *que la destinée de la Chrêtienté étoit entierement changée*. Pour moi, dis-je, contre qui le Prince d'Orange avoit écrit, & fait écrire des lettres foudroyantes; contre qui tous les Ministres des Con-



federez crioient vengeance; contre qui Monsieur Temple faisoit plus d'efforts pour me perdre, que la Cour n'en fit tres assurement, *pour reparer ce coup*, on me laisse en repos, on ne se plaint pas même au Duc mon Maître; le Roi me fait plusieurs faveurs, & se rit en particulier de la surprise du chagrin, & des plaintes des Confederez & de Mr. Temple.

Aprés tout cela, peut-on croire que le Roi d'Angleterre, m'a estimé *un coquin*, & lorsqu'il d *plaisamment* à Monsieur Temple que j'étois *un coquin*, *plus fin*, *q tous eux*, ne se pourroit-il pa qu'il ait voulu se mocquer, de lui lui faire comprendre, qu'il av été pris pour un sot? il y a bien l'apparence.

Je n'ai point entrepris, Mylo de dire icy, tout ce que je pour dire, pour effacer les méchantes

 pressi

c'eſt ce qui eſt aiſé de juger, par les memoires de Monſieur Temple même. Mais je ſçai ſur cela des particularités, qui font horreur, & je les ſçai non ſeulement de Mylord Arlington même, mais auſſi d'un fort grand Miniſtre de ce temslà.

Quelle audace, de taxer les Principaux Miniſtres, & les plus ſages Magiſtrats de Hollande, Monſieur de Beverning, Monſieur Valckenier, & autres, eſtimés generalement de tout le monde; de le taxer, dis-je, les uns d'avarice, les autres de partialité, & peu s'en faut, de perfidie? mais ſur tout de donner de Monſieur Hyde, aujourdhui Comte de Rocheſter, & de Monſieur Jenkins des idées, ſi déſavantageuſes, qu'il auroit autant valu dire, que Monſieur Jenkins étoit un homme de l'autre monde, un bon idiot, ſans lumieres & ſans

 ex-

experience ; & Monsieur Hyde, un Seigneur sans aucune connoissance des affaires du monde, & nullement propre, pour l'employ, que le Roi lui avoit donné à Nimegue. Cependant Monsieur Jenkins fut fait Secretaire d'Etat, & Mr. Temple negligé.

Pour ce qui est de Monsieur Hyde, Monsieur Temple parle premiérement de lui, comme, d'un jeune homme, qu'on auroit envoyé à l'Université ; *Je compris aisément*, dit il, *que le but de cette commission étoit, d'introduire Monsieur Hyde dans cette sorte d'employ, & de lui donner connoissance de la maniere, dont on s'y gouvernoit.* Puis il ajoûte, *il s'excusa par modestie, de menager aucune conference, & de faire les depêches.* Est ce par respect, qu'il devoit à Monsieur Temple, ou par incapacité, que Monsieur Hyde avoit tant de modestie ;

qu'il

qu'il ne vouloit, ni faire les depêches, ni menager les conferences; lui, qui avoit eu part déja, comme depuis, à des affaires importantes; qui avoit été Ambassadeur, en de Principales Cours de l'Europe; qui avoit été choisi pour chef de l'Ambassade à Nimegue, & qui par toutes sortes de considerations, est si fort au dessus de Monsieur Temple? avec toutes ces grandes qualitez Monsieur Hyde à pourtant pour Monsieur Temple la déference d'un petit écolier, pour un fameux podant, & pour toute reconnoissance, Mr. Temple veut le faire passer dans le monde, pour un Ambassadeur, qui, tout au plus, ne pouvoit être, que son disciple.

Je veux vous dire, Mylord, ce que Monsieur Temple n'ose avoüer. Monsieur Hyde, plus fin & plus habile, que Monsieur Temple, & d'un d'un rang, à ne devoir pas être prostitué, ne voulut avoir aucune part à une Mediation, qui devoit souffrir les grandes indignités, qu'à souffert la mediation d'Angleterre, au traité de Nimegue: je les publierai quelque jour, ces indignités, dans mes memoires & la foiblesse, avec quoy on voulut bien les souffrir.

Que si Monsieur Temple n'a point épargné des personnes si illustres, non pas même Mylord Thresorier, aujourdhui Marquis de Camarthen, à qui il donne quelques atteintes, & à qui il ne rend pas toute la justice, qui est deuë à un si grand Ministre, un des plus beaux genies du siecle pour les affaires, & si fidele au Roi son Maître, qu'il se sacrifia pour lui: en suite, si plein de zéle pour sa patrie, qu'il à mis tout en usage, & n'a point craint de s'exposer à perir, pour la delivrer des malheurs, qui la mena-

çoient

çoient ; si Monsieur Temple n'a point épargné le Roi même, de qui il sacrifie si souvent la reputation & la dignité, pouvois-je esperer d'échapper à sa médisance ?

Peutêtre auroit-il fait plus sagement, grand Ministre, grand Confident des Princes & des Rois, l'unique conservateur de la Flandres, de ne se point commettre avec *un Moine*, avec *une espece d'Agent*, & avec *un fin Coquin*. Mais le desir de vengeance à prévalu. Il se croit offensé cruellement, & il a raison de ce qu'à la Haye & à Nimegue, qu'il avoit esperé, que seroient le theatre de sa gloire, on lui a fait faire un personage honteux & ridicule. Il croit, que j'en suis en partie cause; soit, que mon voyage à Nimegue ait été l'effect de ma negociation, ce qu'il pourroit juger par la réponse du Roi; soit, que je n'aye fait autre chose, que de donner en Hollande

de

de l'ombrage & des ſoupçons, qui firent hâter la paix, malgré lui ; & renverſerent le traité, qu'il venoit de conclure à la Haye.

Voicy encore, Mylord, ſi je ne me trompe, un ſujet de chagrin de Monſr. Temple contre moy. Il ſe fit un traité entre l'Angleterre & l'Eſpagne, pour lequel Mr. Temple fut employé ſans autre deſſein du côté d'Angleterre, que d'abuſer le Parlement, & du côté des Eſpagnols, que de donner plus de reputation à leurs affaires. Mais le Parlement ne prit point le change, & le plus grand avantage fut pour les Eſpagnols, qui dans cette occaſion en firent accroire à Mr. Temple, & le prirent pour dupe. Triſte reconnoiſſance, de ce qu'il avoit *lui ſeul, conſervé la Flandres à l'Eſpagne !* je tournai ce traité en ridicule ; j'y fis des rémarques, qui furent imprimées en Hollande, & l'on jugea, qu'elles avoient beau-

coup

coup de fondement. Aprés cela, & aprés l'affaire de Nimegue, je ne devois point attendre des éloges d'un homme, aussi injuste que Mr. Temple: mais il pouvoit écrire en plus honnête homme, & parler de moi, sans perdre le respect, qu'il devoit à mon Maistre, & sans me faire un si grand outrage, de gayeté de cœur, & à mon nom, & à ma maison, en ma personne: Car en tout ce qui s'étoit passé, j'avois fait le devoir d'un Ministre trés zelé, & trés fidele; & même, je n'avois rien fait qu'avec l'agrêment du Roi d'Angleterre.

Conservés moy, s'il vous plaît, Mylord, l'honneur de vos bonnes graces, & soyés bien persuadé, que je serai toute ma vie, avec beaucoup de respect.

F I N.

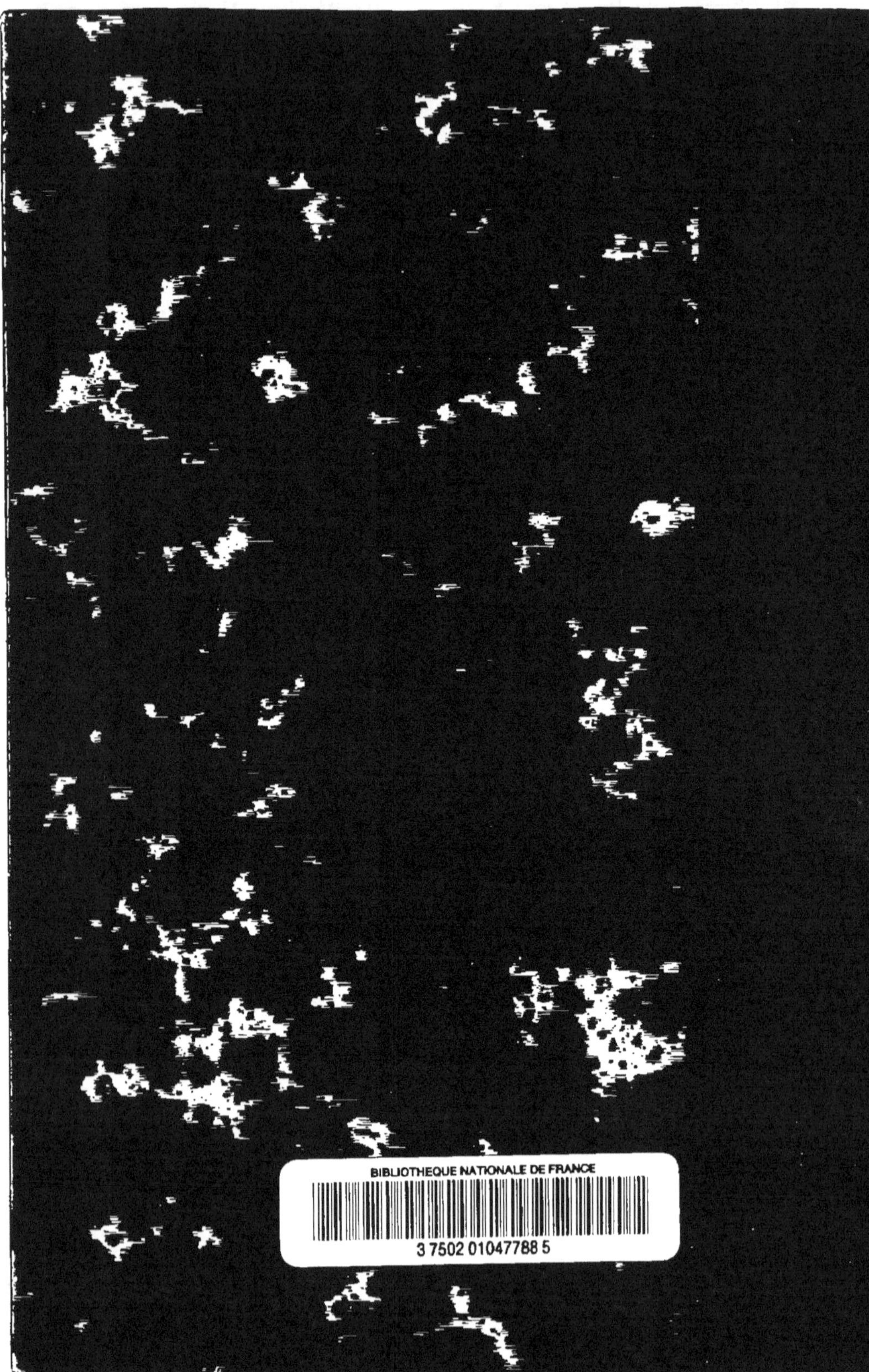

www.ingramcontent.com/pod-product-compliance
Lightning Source LLC
LaVergne TN
LVHW010035230826
846091LV00005B/1706
* 9 7 8 2 0 1 4 4 4 5 4 2 8 *